Andreas Vierk
Goldfisch

Bibliografische Information der Deutschen
Nationalbibliothek:
Die Deutsche Nationalbibliothek verzeichnet diese
Publikation in der Deutschen Nationalbibliografie;
detaillierte bibliografische Daten sind im Internet
über http://dnb.dnb.de abrufbar.

Herstellung und Verlag: BoD – Books on Demand,
Norderstedt
ISBN: 978-3-7494-3571-5

Andreas Vierk

Goldfisch

Gedichte

Für Irene

Berliner

Ein schmales Kind

ICH KAM ALS HÖCKERSCHWANKOMET geflogen,
als Fötus klatschte ich ins Schulgebäude.
Es wand sich angewidert, voll von Räude.
Der Schwanz war unter seinen Bauch gebogen.

War ich erleuchtet und von Gott verklärt,
so hab ich's in Berlin-Neukölln verloren.
Ich wurde hinter'm Tresen neu geboren
und hab mich auf den Pizzen selbst verzehrt.

Seitdem versinge ich mich in Gedichten
und latsche über'n Kudamm hautverbrannt,
wie durch ein wildes, knochenweißes Land,

und muss auf eine Wirklichkeit verzichten,
um mit der Wahrheit in mir selbst zu kegeln,
am Wannsee unter birnenmilden Segeln…

EINST BAUTE ICH aus Tier- und Vogelknochen
ein Floß und setzte es auf Moos und Blätter.
Die Hütte schützte mich vorm Regenwetter,
vor Zeit und Sommerraumes blauem Kochen.

Dort konnte ich in Frieden Flammen köpfen,
mich in Lemuren und Dämonen wandeln,
mit Engeln feilschen, Hasenklee verhandeln
und aus dem Hohlraum meines Egos schöpfen.

Ich war ein Kind, ein trauriges und schmales,
Sohn des Novembers, eines Muttermales
und einer Angst vorm atomaren Sterben.

Im Boden klafft ein linearer Riss,
wo einst der Kiel in weichen Boden biss.
Dort sieht man noch am Stamm die Jahreskerben.

Was der Obdachlose erzählt

Ich war noch jung. Ich fuhr ganz ohne Richtung
in einer U-Bahn zickzack durch Berlin.
Ich lag im Mittelgang auf meinen Knien,
denn gings nicht gradewegs in die Vernichtung?

Ich selbst war Poesie. Es war die Dichtung:
Sie ließ mich vor der Glut ins Feuer fliehn.
Auch schrumpfte ich von Tag zu Tag. Es schien,
als sei die Seinsverflüssigung Verpflichtung.

Ich bin aus Glas und Rauch, bin ganz durchzogen
von Adern, rot und blau, von Nerven, Sinnen.
Noch in der U-Bahn wär ich gern geflogen,

doch gab's kein Außen, immer nur ein Innen.
Doch nun zerschmelze ich im Prismenbogen,
verliere mich, anstatt mich zu gewinnen.

Was die weiße Amsel erzählt

Ich wurde im verfilzten Haar geboren
des Obdachlosen, als er stehend starb
in einer U-Bahn. Jeder Hauch verdarb
und alles Flüstern wurde abgeschoren.

Da flog ich aus dem Bahnabteil hinaus,
durch Tunnel unterhalb der Innenstadt
in einen andren Zug – ein weißes Blatt,
gleich einem Taumel, einer Fledermaus,

fiel schwindlig aus den kühlen Chromgestänge
in eines jungen Mannes dichtes Haar,
der hingegeben Aischylos studierte.

Und als ich so auf ihm gelandet war,
da sprang er aus der stillen Menschenmenge,
worauf er Chorgesänge deklamierte.

BIN ICH DER WEISSE SPATZ im Bahnabteil,
der zärtlich zwitschert, obgleich blind und taub,
gejagt von Türkenkindern in den Staub?

Berliner Fernsehturm erhebt sich steil,
verschwimmt. Die Lichter gehen an und aus.
Eisdielen kennen mich als Fledermaus,

die hinter die erhellten Tresen stürzt,
als taumelte ich alkoholzerrüttet.
Wie Troja sinkt die Stadt, von Zeit verschüttet,
die sich im Fotografenblick verkürzt.

Sag: wachsen mir schon Flügel aus den Ohren?
Gehöre ich der Zeit, dem Raum, der Stadt?
Man frisst mich auf, doch wird an mir nicht satt.
Bin ich nur Schein und wurde nie geboren?

VON MEEREN WURDEN MEINE AUGEN WEISS.
Die Fernen haben sie mir blindgewaschen.
Man steckte sie sich in die Hosentaschen,
dort sotten sie in Gift und warmem Schweiß.

Man senkte sie als Samen in die Erde,
warf ihnen meine Zunge hinterher,
so hoffte man auf meine Wiederkehr,
dass einst aus mir ein Gartenbäumchen werde.

Ich wurde ein Lemur in Spiegelungen,
inmitten meiner vielen Neumondblicke
und meiner zweigeteilten Gabelzungen.

Ich sank in eine Traumvergessenheit,
voll Trauer über meine Missgeschicke
und dunkler Ahnung meiner Einsamkeit.

NEHMT MICH! Vermischt mich mit dem Futtermais,
dann glühe ich den Stieren aus den Augen,
und Kälber werden mich aus Eutern saugen,
dann werde ich Natur und Nahrungkreis.

Streut meine Asche in den Ozean,
dann werde ich ein blauer Oktopus,
weil alles Leben sich doch wandeln muss
und weiterbrennen muss im Liebeswahn.

Nehmt mich und mauert mich in eine Brücke:
Ich halte atlasgleich die Konstruktion,
und unter meinen Armen sterben Föten.

Nehmt mich als Kitt für eine Wissenslücke,
bezahlt mit mir den Mindestarbeitslohn –
ich bin in euch, und niemand kann mich töten.

WÜRGTE ICH NICHT an einer Bittermandel,
wie könnte ich dann auf den Straßen singen,
zu dunkel, um im Strahlenlied zu klingen,
zu schwer für Pollenflug und Blut und Wandel?

Was bleibt noch, als das farbentiefe Ahnen,
ich wäre nicht, und doch noch nicht gestorben,
wohl säuerlich, doch windfrisch unverdorben.
Zwar tauche ich nicht mit den Kormoranen

(In langen Zügen trinke ich die Flüge),
doch sinken meine Schuhe in den Teer,
weil doch die Sommer hell und offen sind.

Die Quantenphysik zeiht mich jeder Lüge,
doch bist du, Gott, in mir noch Stein und Meer,
und meine Kopfhaut atmet deinen Wind.

ICH SINKE, FALLE, STÜRZE so rasant,
dass meine Flügel von den Flanken schmelzen.
Wer wollte einen Felsen auf mich wälzen,
wer mich begraben unterm Uhrensand?

Die Ozeane klatschen in die Hände,
um mich wie eine Fliege zu zerdrücken.
Wer wollte sich mit meinen Lidern schmücken,
wer mich verbergen hinter Schoß und Lende?

Ich hab mich auf den Märkten ausgesungen,
und fachte einen Scheiterhaufen an,
bot meine Schulter einer Messerklinge.

Ich brannte rot, ich hab mich so zerrungen,
dass ich vor Daseinshunger fliegen kann,
und, blind vor Scham, mich selbst im Sturz verschlinge.

ICH BIN ALLERGISCH gegen Tod und Sein,
versunken in die Welt der Elemente.
Realität ist eine Zeitungsente,
und meine Seele kann mir nicht verzeihn,

dass ich mich hierzulande heimisch wähnte,
die eigenen Gefühle gierig fraß,
mir selber stank als wurmzerkautes Aas,
das sich erschöpft an seine Träume lehnte.

O meine Seele ist ein Mandelzweig,
gewunden um die Sonne Wolf-Null-Vier.
Sie presst sie aus, sie schmeckt der Zunge fremd.

O meine Seele ist ein Nesselhemd,
und in ihm brennt nur Durst und Lebensgier
und ein Ersticken in mir, daseinsfeig.

IM KLEE AM GRUND der Kehle sind ertrunken
die Liebe und die Freundschaft und die Treue.
Am Schulterblatt verbrannte jede Bläue.
Mein Haar war in die Dunkelheit versunken.

Und so erstickte ich an deiner Seite.
Glühwürmchen sangen in den Lungenflügeln.
Ich goss mich aus wie Milch in Farn und Hügeln
und wurde Apfelduft und Schwalbenweite. –

Zuerst beschwerten mich noch Wut und Trauer.
Die alte und die neue Welt erblassten,
und ich entblätterte mich Schicht um Schicht

und wurde deinen Augen ungenauer,
die mich zuletzt noch schemenhaft erfassten,
dann floss ich ein ins Sommersonnenlicht.

DEIN BLAUER MUND ist voller Mirabellen.
Sie springen dir beim Sprechen von den Lippen.
Dein Atem bricht sich an den Kreideklippen
und schmeckt im Kuss nach Ozean und Wellen.

An Mühlen drehen sich Libellenräder
und mahlen uns zu Augenlidermehl.
Wir gleiten auf die Felder parallel.
In deinem Haar verfängt sich eine Feder.

Aus Lungenflügeln löst sich schon der Knoten,
der mich in deine Vogelnester band,
der meines Atems Treidelkähne zog.

Wieg mich auf deinem Schoß wie einen Toten,
wie einen, der aus deinem Obst verschwand,
in einen fernen Strahlenflieder flog.

DEIN SACHTES HERZ, ein Aprikosenblatt,
des Schneegebirges stiller Puls dahinter,
schon Frühling, doch noch immer Gletscherwinter,
den es noch nicht davongetrieben hat,

dein Lächeln, so ironisch walnussbitter:
dies alles glänzt in Abschiedsritualen.
Von eins zu zwei zerdehnen Kommazahlen,
was uns verband. Nun sinkt's in Schattengitter.

Du hüllst dich fröstelnd in den Mantel ein,
wo doch die Sommermonate schon leise
ihr Lied beginnen in der Hummelweise,

und nachts der volle Mond ins Fenster schmilzt.
Doch weil du Brücken brennen sehen willst,
lauf ich in eine Regenwand hinein.

KOMM WIEDER, denn ich will an dir ersticken,
wie damals, als der Pfau die Nacht zerschrie,
und unsre Küsse welkten in ein Nie
und unsre Atem mussten spröde knicken.

Wir konnten nicht im eignen Blau ertrinken
und wie die Pfauen sachte implodieren.
Uns spülte schon der Tag in seine Viren,
in unsren Händen starben Schattenfinken.

Und weil sich damals nichts erfüllen konnte,
blieb in mir nur das würgende Gefühl,
als hinge ich an Violinensaiten.

Ach, dich verschlangen Pfauenhorizonte
und ich erfror allein im Chorgestühl,
inmitten von so vielen Einsamkeiten.

DIE BIENE SPRACH ZU MIR: „Warm ist dein Hauch.",
da drückte ich dir Birnensaft ins Blut.
Die Staude in den Felsen sang vom Mut.
Auf meiner Zunge bettete sich Lauch.

Von unsren Pulsen leuchtete die Stätte,
als lächelte der Herr aus der Kapelle:
auf Katzenpfoten eine kleine Welle,
darin der Mond sich spiegelt als Limette.

Mein Herz – ein Korb mit Nüssen und mit Mandeln –
will sich in allen meinen Silben wandeln.
Es hüpft durch wasserdunkle Spiegelscherben.

Ich treibe fort. Ich hab dich losgelassen.
Mein kleiner Krug: er will den Himmel fassen,
will unter einer Wasserpumpe sterben.

VON TRAUER IST DIE EINSAMKEIT DURCHZOGEN
und kann doch Ozean und Glücksrausch sein.
Ich tauche wie in eine Heimat ein,
und schon durchädern mich die schweren Wogen.

Die Menschen schmelzen fort wie Illusionen,
gleich Riffmuränen aus den Sternkorallen.
Sie wollen noch nach meinem Rücken krallen,
als wären sie verblendete Dämonen.

Ich bin schon fern in dunkelnden Atollen,
und singe meiner Seele Kantilenen
voll Weh, ein Chor von dunkelblauer Schwingung.

Und meine Sinne öffnen sich dem Rollen
aus Werden und Verfallen in den Venen.
Ich bin gebannt von Glück und Schmerzdurchdringung.

MEIN RÖNTGENBILD, es zeigt mir keine Knochen.
Bin Instrument, bin voller Harfensaiten.
Die Lungenflügel, die mir Schmerz bereiten,
sind Geigen in der Form von Stachelrochen.

Wie Troubadoure glühen meine Sinne,
die Augen sind verdreht und grau wie Blei,
die Stimme – zugenäht – verhält den Schrei,
der Kuss verwelkt in atemloser Minne.

Ich bin geschnitten in die Mandolinen.
Sind denn nicht alle Menschen Instrumente
und Notenblätteratem der Epochen?

Wir schmelzen Arien in die Latrinen,
zerschneiden die Musik in Arbeitswochen,
zerbröseln Ewigkeit in Schockmomente…

AM MONTAG hing ich alle Spiegel ab,
so dass im Zimmer wieder Frieden war.
Am Dienstag wurden meine Lider rar
Am Mittwoch wurden meine Schatten knapp.

Am Donnerstag verlor ich Dimensionen.
Sie lagen auf den Teppichen wie Pfützen.
Die Strahlen draußen schwangen ihre Mützen,
als wollten sie mich für mein Licht belohnen.

Die Sonne streute Halbschlafmargeriten,
und regnete am Freitag ihre Helle
ins Dachgerüst durch meine Fontanelle.

Am Samstag wollte man mich unterbieten:
Zwei Pfennige für meine alte Haut,
durch die doch meine Sonntagsseele blaut!

ICH GING ALS AUGE EIN in die Atome,
da wandelte sich Liebe um zum Tod,
doch Wurzeln wurden mir zum Trost zu Brot,
und die geschloss'nen Lider helle Dome.

Ich ging als Lied in Blütenkelche ein,
da wurden ihre Mitten Dunkelsterne,
doch meine Lippen höhlten als Kaverne
ein Wasserwort zum Honigkerzenschein.

Da wollte ich mich selbst zum Opfer geben
den Fledermäusen und den hellen Finken.
In Menschenatem wollte ich ertrinken,

gebar mich selbst in Abschiedsweh und Beben
zum schmalen Rehbock, der im Sprung verharrt,
als Brücke für mich selbst zur Pilgerfahrt.

KONVEXE UND KONKAVE SPIEGELBILDER
von dir: sie hadern mit der Wirklichkeit.
Und was erkennst du? Deine Wesenheit?
Den Weg durch Nacht und Farne? Straßenschilder?

Als du noch trankst, schien deine Seele milder.
Die Fingernägel waren schwarz von Zeit
und deine Stirn zu jedem Glanz bereit.
Dein Blick, dein Haar: Sie wurden immer wilder.

Dann kam das Licht. Es brachte auch die Flut
und mit ihr jenes Vogelküstenweiß:
Durch deine Spiegel zog es Wind und Riefen.

Und eine Flamme glomm durchs dunkle Blut,
da wurden deine Lungenflügel heiß,
und eine Welt erhob sich aus den Tiefen.

DER SOMMERTAG VERGEHT. Zikadenschäume.
Ein tiefer Schatten frisst aus dem Gehirn.
Flucht in die Haut, durch leere Porenräume.
Wie eine Messingglocke hallt die Stirn.

Die Zeit bricht an, bricht um, die Zeit bricht ein.
Sie amputiert die Zungen aller Sänger.
In fremden Häuten bleibe ich nicht länger.
Kann nur als Floß mir selbst glückselig sein.

Die Menschen sind mir kalter Stein geworden,
sind rätselhaft wie selbsterdachte Sphingen,
mal spröde und mal glatt wie weißer Flint.

Das Christuslicht verdecken Engelhorden.
Mein Atem will sich aus dem Brustkorb wringen,
der blau sich färbt im Sterbenshyazinth.

AM STILLEN SEE, auf einem Uferstreifen
ein wenig zu den Pinien hinauf,
ging ich in roten Sonnenflammen auf.
Die Seele fuhr auf hellen Autoreifen.

Zwei Kirschen bitterten auf meiner Zunge.
Ich kann sie niemals küssend weitergeben:
Ein Lied die eine und ein ganzes Leben,
umhüllt, zerglüht in einer Sonnenlunge.

Ein wenig Rost ging ab von meiner Seele
und flatterte auf hohen Mast und Draht
nur sperlingsgroß: ein kleiner roter Hahn.

Schon fern, die schwarz und weißen Birkenpfähle
(In ihren Gittern glomm ein Feuerrad).
Ich floss ins Blau: aus Schnee ein Ruderkahn.

DER FREMDE HASS lässt uns zu Wölfen werden,
sagst du. Dein Puls reibt sich an meinem wund.
Mitunter trägt mein Kinn den fremden Mund,
der wiederkäut die Wut aus Bittererden.

Ich hebe eine Faust. Sie ist nicht meine:
Sie ist mir auf den Stumpf des Arms geklebt.
Und Niederlagen haben wir erlebt.
Die Kiefer mahlen Kalk und Kieselsteine.

Doch vor uns atmen die Gesellschaftsinseln:
Direkt an unsren Schuhen liegen sie.
An unsren Stirnen knospt die rote Sonne.

Doch wir sind Köpfe, voll von Blutgerinnseln.
Die Möglichkeit verkommt zu einem Nie,
beginnt zu faulen in der Biotonne.

WIE GERN SPIEL ICH DIE GRILLENVIOLINE,
bis um mich her der Samt der Nacht zerreißt,
und mich der Morgen in die Fremde weist,
die Nervenbahnen voller Schlaf-Morphine.

Abschied zu nehmen, raten alle Dinge:
Aus Regenwolken dringen Kleidermotten,
die Straßenkinder wollen mich verspotten,
weil ich so lustig in die Pfützen springe.

Ich muss mir viele Fehler eingestehen:
Die blaue Süße dieser Welt zu finden,
mich vor Cafés an Liebe wund zu reiben…

Ich wünsche mir, für immer fort zu gehen,
aus den Erinnerungen zu verschwinden,
und in ein weites Nie hinaus zu treiben.

WAS BIN ICH? Hall und Welle, Ruderriemen?
Kann man mich noch mit Indigo bezahlen?
Zwar sterbe ich wie Milch in Sonnenstrahlen
und Fische saugen mich in ihre Kiemen,

doch bin ich weder Milch, noch Duft, noch Schatten
und auch nicht Echo in den Kormoranen,
in den Laternen und den bunten Fahnen
und in den Abfallkörben und den Ratten.

Und ich ertrinke nicht im Frauenhaar,
noch singe ich aus einer Trauerweide,
denn meine Farbe ist illusionär,

halbtransparent, als wenn ich Perlmutt wär.
Doch Tod und Höckerschwan: sie irren beide,
weil ich nicht bin und nie geboren war.

MEIN SCHRITT lässt auf Pangaia Wege wachsen.
Aus meiner Schulter wächst die Pfefferschote,
und unter meinem Blick entstehen Boote,
und Sonnenräder gehn an goldnen Achsen.

Kein Du ist hier, um daran zu verbittern.
Die Schienen gehen still ins weite Land:
sie führen meinen Puls zum Meeresstrand,
auf dem wie Kugeln Räume lustvoll zittern.

Im Flussquarz ging der Daseinssinn verloren:
Er plätschert mit den Bachforellen hin,
als wenn sie wie Sekunden ewig wären.

Und keine Mutter hat mich je geboren,
weil ich im Bienenschwarm wahrhaftig bin
und oben in den blauen Montgolfieren.

Für Irene

Mein Vater starb zuerst, du wenig später,
da blieben meine Augen Straßenkiesel,
die Stirn auf U-Bahnschienen graues Wiesel
und jedes Beben fern von mir: zwei Meter.

Du bist auf Blumenwellen fortgetrieben,
da musste ich an einen Buddha denken.
Ich wollte dir zwei falsche Perlen schenken,
aus Kinderzeit in meiner Hand geblieben.

Erst gestern hatte ich an dich gedacht:
Du wartetest gelassen auf das Sterben,
und sangst im Traum von Südamerika,

da bin ich morgens schluchzend aufgewacht,
um diesen Himmel dunkler einzufärben.
Da warst du bei mir. Still und wund. Und nah.

Ein Goldfisch

DIE STRASSE LÖST SICH AUF in graue Tauben,
die Fenster spiegeln sich nicht mehr nach innen,
den Wolken wachsen Kalk und Mauerzinnen
und in die Schlüsselbeine hängen Trauben,

als sprösse in Berlin Sizilien:
Rogers des Ersten weiße Normandie.
Der Raum, die Zeit, ein wages Irgendwie
aus Pulsen, Minne, Immobilien,

aus Zahlen, unerlöst, wie jener Schächer,
der noch am Kreuz blieb, der er immer war:
milieugeformter Irrer, Kleinverbrecher,

er, der bei Rot die Straße überquert,
Hemd und Kravatte – Bruder Adebar –,
und sich im Hausflur vor der Zeit entleert.

MAN SIEHT DURCH DICH DIE DARMKOLIK DER STADT,
die Reihen der mit Schnee verschlossnen Türen.
Ich bitte dich, mich durch dein Selbst zu führen,
das sich durchs Dasein schon zerfasert hat.

Der Reisepass in deiner Wurzelhand,
zieht er dich fort aus unsren Walnussküssen,
weil sterben und sich stetig wandeln müssen,
uns gilt als unser wahres Heimatland?

Wie bringt man einen Atemzug zum Strahlen,
zum Ruhen, dennoch auch zum Widerstand,
zum Aufstand gegen unser Rückwärtsschreiten?

Du musst für deinen Totenschein bezahlen,
für's Blütenschlagen aus dem Uhrensand,
auf Löwen und auf Kranichen zu reiten.

Für Paul Gauguin

Als du vorbei gingst in der Kluft der Küsten,
da wollten alle Farben explodieren,
und meine Augen wollten sich verlieren,
obwohl sie doch nach Innen sinken müssten,

weil alle Wesen auserkoren sind,
die Sinne in den Samt der Nacht zu lenken,
sich selbst an ihre Seele zu verschenken,
ihr Augenweiß in sie zu senken, blind.

Was kann die Liebe tun, als ohne Ziel
in Papageienfischen zu ertrinken,
dahin zu treiben durch die Sternkorallen,

sich hinzugeben dem verrückten Spiel,
anstatt in eine Wirklichkeit zu sinken
und einsam in den Mittelpunkt zu fallen?

Vom Aufbegehren der Farben

*Für Paul Klee, Gunta Stölzl, Marc Chagall, Hans
Arp, Hannah Höch und Wieland Herzfelde in der
Weimarer Republik*

Flamingos fliegen in den Nebelwäldern,
und goldne Karpfen sitzen auf den Ästen.
Die Erde will sich wälzen, will sich mästen
an Reispapier und roten Feuermeldern.

In Cocktailshakern wird die Fledermaus
vom jähen Kesselpaukenschlag erwachen,
und Glanzfasane über Schädeln lachen.
Die Zukunft schnürt ihr Bündel, zieht hinaus,

wird auf Traktoren ihren Tag verschlafen
und eine Erde träumen, die noch nicht
verzweifelt ihren eignen Hunger frisst.

Und in den Kränen überm grauen Hafen
sehnt sich der Morgen nach antikem Licht,
das nur der Hauch der nackten Venus ist.

ICH BIN EIN GOLDFISCH, von Paul Klee gemalt.
Willst du mich auf den Märkten filetieren?,
mit meinem Flitter deine Haare zieren?
Hast du mich schon mit deinem Blut bezahlt?

Gern schwömm ich der Kon-Tiki hinterher,
Tarita Teriipaia zu besuchen.
Was muss ich tun, um einen Flug zu buchen
durch ein entkiemtes grelles Wüstenmeer?

Nun hänge ich geklont in Zahnarztpraxen.
Gern spräng ich in die Schirme der Platanen,
und segelte in bunten Mobiles.

Du kannst mich in die Stratosphäre faxen.
Was weißt du schon von meinem dunklen Ahnen
der möglichen Zerrissenheit Paul Klees?

Ozean!

Ozean! Behendes Streifenhörnchen,
keimst hinter meinem Schulterblatt hervor
und flüsterst mir Geheimnisse ins Ohr,
du Sanduhr Zeit, du Tod in jedem Körnchen,

du Gong aus Japan, der Koronen speit
und dann im Zentrum schwarz wird und verschwindet,
der meine Schuhe knotet und verbindet,
der aus der Werkbank springt, von Heiterkeit

verrückt im Holzmehl grinst und es entzündest,
der auf dem Löffel tanzt als nackte Frau
aus Silber, Jugendstil und Wetterhahn,

du, der in Mittelohr und Schnecke mündest,
du, der in Lack und Tusche ungenau
die Zeichen mischst, du Gletscher! Ozean!

Berg!

Du Berg im Hauch, der unbezwingbar ist,
Schneeleopardin, straff gespannt vor'm Sprung,
Ohnmacht aus siberner Erinnerung,
du Blutspur, Büffels Bug und Widerrist,

du Fahrrad, weiß, aus Meteorgestein,
im Lungenflügel Wasserfall aus Gift,
Steilkurve, Schlaganfall und schräge Drift,
Orgasmenschrei – das alles kannst du sein

und mehr noch –, Stromkreis, Stickstoff, Hummelflug,
Kalender der Azteken, Sonnenkreis,
Almabtrieb, Bauernschrank im Wasserwerk,

Miss Monroes Poster, Zahnrad, Flaschenzug –
all dies gefror in deinem Gletschereis,
du Imperativ, Riss im Dasein! Berg!

Poesie!

Du Poesie! Du reiner Wasserklang,
du Laubfroschs Bratsche, Radhas erster Kuss
auf Krishnas Mund gehaucht, du Haselnuss,
die mir ein Hörnchen schenkt, du Yin und Yang,

getuschter Schriftzug, Lack auf Reispapier,
Intimität, Entäußerung, Gebet,
Fußsohle, die auf Messerspitzen geht,
du Bienenkorb, aus Apfelholz ein Stier,

du Flamme rhythmischer Verworfenheit,
die jedes Menschen Grundbestimmung ist,
Libellenlarve, Maske, Mimikry,

Triangel, Schlafbrokat, Sinnlosigkeit,
du klares Wasserglas, du Amethyst,
barocke Tischuhr, Drossel! Poesie!

Albatros

Sinkt tief in eine große Sonnenglast,
zerschmilzt im Schweben um den Seelenkern,
dem Gegensatz von einem Dunkelstern.
Selbst Flug und Schwinge werden eine Last.

Des Himmels Irisieren angesogen,
ist nicht mehr weiß, ist polynesischblau.
Den Raum geatmet, selber ungenau,
scheint Flucht und Spiegelschatten in den Wogen.

Die Inselketten, grüne Schimmelrosen,
am Abhang schrägen einer Wasserwand.
Dann still, fast taub und vollberauscht vom Tosen.

Den Ozean wie eine Regenwolke
im Sturz gegriffen, Stern und Fackelbrand.
Und auf den dunklen Wedeln weiße Molke.

KOMM, LIEBE MICH und sei mein Palimpsest!
Wir wollen feiern, doch uns auch verstecken.
Wir wollen die geliebten Wunden lecken.
So wird das Sein ein Tanz und Seuchenfest!

Die Liebe trägt ein flirrendes Gefieder
von blasser Farbe unsrer Bindehaut,
und in uns klingen goldverchromte Lieder.
An unsren Stürzen sind wir aufgeraut.

Wir sind nicht treu, denn du bleibst immer du,
und ich will meinem Innersten verbleiben,
wenn ich vielleicht in deinen Armen ruh.

Und wie im Traum will meine Fingerspur
noch violette Liebeslyrik schreiben
in deine Wangenlinientextur.

AM BLÜTENZWEIG die erste Mirabelle
saugt Echos in die gelbe Krümmung ein.
Sie möchte wie Ballon und Gondel sein.
Der Himmel flieht im Wind wie die Gazelle.

Der Abend, braun und beige in Gazeschlieren,
will in Pupillen wie in Trichter sinken,
will Rausch aus ihnen wie aus Brunnen trinken.
Er muss sich wandernd in sich selbst verlieren.

Vorsichtig zieht an schlanken Fingerspitzen
die rote Waldameise mit Mandibeln,
so fein, durchsichtig wie gehauchtes Glas.

Noch muss die Zeit in jeder Pore sitzen.
Die Sterne stürzen von den Wolkengiebeln
und regnen in das taubeschwerte Gras.

ICH SAH IN ZARTEN FENSTERN DIE MADONNEN
wie Milch und Gold in Wasserlinsen tropfen,
im windgehauchten Glas die Adern klopfen.
Wie gaukelte Musik! Sie ist zerronnen.

Der Klatschmohn ließ sich gern von dir zerwühlen,
doch ohne dich bleibt meine Lunge leer
und sie erstickt an Nimmerwiederkehr
und will sich zwischen Wasserfenstern kühlen.

Eucera longicornis ist gestorben.
Der Storch im Apfelbaum trinkt seine Farbe,
so werden die Gedanken wieder weiß.

Die Äpfel schmecken heute Nacht verdorben.
Die Sonne klettert durch versengte Garbe:
ein Rotkehlchen im gelben Futtermais.

Aus Athen

Für Aischylos, Sophokles, Evripides, Agathon, Giorgos
Seferis, Jannis Ritsos und Odysseas Elytis, zerrieben
zwischen den Worten

Dies ist die Zeit. Die große Zeit des Sterbens.
Auf jeder Schulter murren leise Käuze,
auf allen Wirbeln brennen kleine Kreuze.
Wir wurden müd des Rauschs und Silbenkerbens.

Und kaum gezeugt, sind wir dem Tod geweiht.
Man sät uns zwischen weißen Steinen aus.
Das Schweigen baut im Marmorschutt ein Haus.
Wir schlucken Kalk und Staub. Dies ist die Zeit,

die wasserklare Stunde der Gewalt,
des bangen Wartens und der Siebenschläfer,
Karossenschrott der alten VW-Käfer.

Jetzt rieseln Steine über den Asphalt.
Der Horizont verhält. Wir sind entsetzt.
Dort hinten naht die Zeit. Nicht später. Jetzt.

ICH WÜNSCHTE, DIESE STUNDE MÖGE STERBEN
und möge mit sich reißen alle Zeit:
die Horizonte flössen wieder weit,
die Ziffernblätter würden welk verderben,

die Wiesen sängen „Om" vor Bienenglück,
die Menschen würden wieder Troubadoure.
In Brand und Nacht gehüllt, die Pfauenlure:
Sie brächte Nerven die Membran zurück.

Libellenräder spielten auf den Teichen,
als würden Kinder erstmals Schleifen binden,
geduldig in den weltverlornen Spielen,

Kokons erblühten in den Fahrradspeichen,
und Kühlergrille rosteten in Winden,
wie Helmvisiere, die im Schlaf verfielen.

UND ALS DU GINGST, verlor die Welt ihr Grau,
fing wieder an, auf einem Bein zu stehen
und ließ den Geist durch ihr Gefieder wehen
und spreizte Nerven in den Morgentau.

Die Kelche wurden wieder Kostbarkeiten,
der Globus – leichter ohne dein Gewicht –
verlor sich ganz in Renaissance und Licht,
die Schleiereule träumte sich ins Gleiten.

In Bienen schmolz ein Lied in viele Welten
mit ihren staunenden, grazilen Köpfen
und großem, goldumspülten Kinderblick.

Auch *dein* Erwachen ließ sie wieder gelten.
Ich sah dich Wasser aus dir selber schöpfen.
In einem Hauch erfüllst du dein Geschick.

Mahayana!

Ein Mann aus Milch in Gottes Gewässern

Mahayana!

Auf deiner Haut das Härchen und die Zelle –
selbst kleinste Wesen wollen Buddha werden,
und Mensch wie Farn: sie zeigen in Gebärden
unzähliger Milliarden Buddhas Helle!

Doch diese Sonnenglut ist unsichtbar,
nur klar dem Blick von Mystikern und Sehern.
Nur die Verzweifelsten dürfen sich nähern,
nur den Verrückten bietet sie sich dar.

In ihr webt Urlicht, Urgrund aller Quellen,
und spielt das Spiel der Mutter mit dem Kind,
die Lust des Geistes, Formung, Zeitenwellen.

So atmen Seelen die Unsterblichkeit,
die von der Last des Ichs entbunden sind,
Glückseligkeit im Innern. Leer. Und weit. –

MIT EINER GESTE löst du alle Säume
und alle festen Knoten in der Kehle.
Und leichter tönt des Daseins Ukulele
durch Häfen und durch Seeleninnenräume.

Dann beben alle Dome in Italien,
weil selbst die Grippeviren dir begegnen.
An Kinderohren zupft dein sachtes Regnen,
und blüht aus Kelchen, Liedern und Fäkalien,

um alle Gegensätze zu verwischen.
Dann öffnen alle Schlüssel jede Tür.
Kaum lieben wir, so bist du wieder fort.

Die Ferne hört noch deine Pulse zischen,
doch nur für feines, zärtliches Gespür,
rauscht dein Atem wie ein Schlussakkord.

ALS DU VORBEI GEFLOSSEN WARST wie Schatten,
brach sich der Storch vor Sehnsucht das Genick.
Im Blau des Teichs, im selben Augenblick,
erwachten nachtumstrudelt helle Matten,

entflammten unter schwarzen Pfauenschwingen:
Du atmetest darin als Flut von Licht.
Der Pfau ertrank in sich, im Selbstverzicht.
Der Höckerschwan begann dein Lied zu singen.

Das Wasser schlief im Teich, schwer wie Brokat.
Es träumte in mir einen Traum vom Sein.
Es schien mir fast, als wäre ich geboren.

Im Nachtwald glüht ein messerschmaler Pfad.
Du kommst mit Lampions. Kehrst bei mir ein.
Verlier ich mich, bin ich in dir verloren.

Jesus

Du flüsterst mir Geheimnisse ins Ohr.
Oft höre ich dich morgens früh schon hauchen.
Versuche ich, in dich hinein zu tauchen,
füllst du mich aus und kommst mir so zuvor.

Du machst mich lachen in der Einsamkeit,
lässt mir den Traum vom Bienenparadies.
Als ich die Seele aus den Lungen blies,
floh spielerisch vor mir die junge Zeit

und wurde Klang in Windverwirbelung.
Gebiert sie mich, dann lässt du mich allein
und schäumst in mir nur als Erinnerung.

Ich hab dich in der weiten Mark gefunden:
Du atmetest im Schlaf die Himmel ein,
da legte ich die Hand in deine Wunden.

DU BIST GANZ EINS mit dem, der vor dir war,
weil es für dich niemals ein Vorher gab,
und keine Zeit brach über dich den Stab.
Du schufst dich rein und heiter, wasserklar,

und bist die Seele selbst, auf der du treibst.
Du bist der Geist des Wassers, das dich tränkt.
Du bist das Glück, das sich an mich verschenkt,
weil du als Quell in meiner Quelle bleibst.

Lass mich erlöschen in dir und versinken,
wenn ich vom Floß in deine Spiegel tauche,
und du mich hauchst, wie ich dich in mir hauche.

Wenn sich mein Körper löst von meinem Wesen,
ein Tanz mit dir, Synthesen in Synthesen,
dann muss das Wir auch in sich selbst ertrinken.

WAS BRAUCHT DER MENSCH? – Nur leben,]
schwimmen, treiben,
nur zwischen beiden Uferspiegeln bleiben,
sich selbst entziffern und im Innern lesen,
ganz ichlos, dulos, Atem, Licht und Wesen,

ganz nahe am Verlöschen ewig sein,
für sich allein das ganze Sein erfüllen,
das Füllhorn, Gottes Atemquell, enthüllen,
sich auszuhauchen, weltlos und allein,

die Finger Kormorane werden lassen,
und zwischen ihnen mit Libellen spielen
und Engeln, die aus ihrem Jenseits fielen,

bis Schwarm und Wellenlicht den Leib durchdringen,
dann ist kein Mensch und nichts kann ihn erfassen,
dann braucht er nichts als sterben, atmen, singen.

WARUM NICHT STERBEN und wahrhaftig sein,
nicht wie im See im eignen Selbst ertrinken,
sich aufzulösen im Hinuntersinken
und auszuruhn im Sedimentgestein?

Das irre Spiegeln in ein fremdes Du
will ich bereit sein, endlich aufzugeben.
Ich bin kein Mensch, kein Du in eurem Leben,
und schwimme schon der eignen Mitte zu.

Denn ich bin fremd, ich bin aus andrem Sand.
Glückselig die Pulsare, die mich warfen
in die ertaubten Saiten eurer Harfen.

Ich bin bewusst. Was brauche ich Verstand?
Nichts existiert, kein Ich. Ich bin allein.
Warum nicht sterben und wahrhaftig sein?

OPFERE DEINE SEELE in den Hauch,
atme sie aus und stirb und lass dich los.
Du selbst bist Erde, Wasser, Mutterschoß.
Wenn du ertrinkst, dann schmilzt das Weltall auch.

Nun gib den Atem deiner Seele dar.
Sie leuchtet ewig und wird immer bleiben.
Lass sie auf Hauch und Welle wiegend treiben.
Sie träumt nur, dass sie wird und ist und war.

Nun atme ein, denn du wirst auferstehen,
du wirst dich zeugen und auch selbst gebären
und schöpfend in die eigne Schöpfung gehen.

So tanzt du auf und ab in den Atomen,
und bist die Sonne in den Chromosomen.
Du wirst sie füllen und auch wieder leeren.

WIR ALLE SIND BESTIMMT zum Implodieren,
nicht nur der Mensch, nein, selbst Mikrobenwesen.
Zunächst doch gilt es, Lyrisches zu lesen
und tief im Atomaren zu studieren.

Bevor Moment und Zelle sich verschlingen,
im Liebesakt sich zueinander beugen,
um, sterbend schon, das reine Nichts zu zeugen,
muss alles jubelnd strahlen, sausend singen!

Das ist der Traum des niemals Existenten,
der sich in seine vielen Träumer rief
– Durchgänger in den eigenen Segmenten –,
der in sie sickerte, dieweil er schlief.

So prägte er sich ein in deine Seele,
und Antwort kam aus einer Drosselkehle.

Erst schwand sie aus dem Augenweiss der]
                                    Frauen,
dann aus dem Blick der Kinder und der Männer.
Nicht plus, noch minus, Zähler oder Nenner,
will meine Seele aus den Menschen tauen,

will Abschied nehmen von den Säugetieren,
vom Hund, vom Pferd, vom Tiger und vom Rind,
die alle nichts, nur Illusionen sind.
Sie will ihr sogenanntes „Ich" verlieren,

um Wasserkreis auf stillem See zu sein.
So schaut die Seele in sich selbst hinein,
spürt noch Erinnerung an Fisch und Flug

und an Materie, an Pflanze und an Stein.
Dann lässt sie auch den letzten Selbstbetrug.
Glückselig ist sie: in sich selbst genug.

DIE EXISTENZ IST OHNE AUSSENHÜLLE,
verschlingt sich selbst in ihrer prallen Fülle.
Die Zeit: sie will sie wie ein Wind durchwehn,
doch auch die Zeit wird in sich selbst vergehn.

Dies Taumelnde ist alles irreal,
gespiegelt an der Seeleninnenwand,
und scheinbar alles Glück und alle Qual.
Die Seele selbst hat ewigen Bestand.

Du hast das Licht entzündet in der Seele,
du, der du weit bewusster, als sie bist.
Nichts existiert. Die Seele ist allein.

Sie ist nicht Traum, nicht Sicht, nicht Stimmenkehle.
Sie ist wie du: sie muss glückselig sein.
sie hat kein Außen und kein Ich. Sie ist.

Aus Nepal

Nun darf der Schlüssel wieder Schlüssel sein,
braucht keine Türen schließen vor dem Wind,
weil unsre Adern alle offen sind,
und alle Pulse lassen Duft hinein.

Der Schlüssel wird Symbol für Offenheit.
Durchgängig für das Glück wird jede Haut,
wenn unsre Stirn als Sonnensegel blaut,
und die Gedanken werden leicht und weit –

Das hoffe ich, wenn ich am Bahnsteig stehe,
wie Seelen weiße Spatzen flattern sehe
aus schweren, scharfen Rädern von den Zügen.

Ich sehe wie ein Hauch den andren trifft,
wie sich auf Lippen formt die Daseinsschrift
und Nähe wird in atemlosen Flügen.

Aus Nepal

Du trägst die Seele wie sie Kühe tragen:
Als Glutpunkt zwischen deinen Augenbrauen,
beginnt sie, deine Seiten aufzutauen,
wie Bronze in den regnerischen Tagen.

Kannst du nur *meine* Augen widerspiegeln
in deiner Iris abgrundtiefem Braun?,
aus meinem Flüstern Felsenklöster bau'n,
um sie mit mit Schnee und Schlüssel zu versiegeln?

Ach, wären deine Wangen Bergkristall
und deine Flanken voller weißem Flaum
und deine Stimme Rausch von Baum zu Baum,

und blicktest du aus einem Wasserfall –
Mein Genstrang wäre dann genauso rein,
und würde Gegenlicht und Antwort sein.

DU DARFST MICH AHNEN, aber nie berühren!
Solange ich in meine Tiefe sinke,
aus meiner Mitte von mir selber trinke,
soll mich kein Du in Gartengifte führen.

Mein Duft bleibt immer an der Oberfläche,
mein Ozean, von Ufern ungesäumt,
hat sich in seine Tiefe eingeträumt,
aus der ich nicht als ein Verwandter spreche.

Mein Minnesang hebt an, wird stetig heller.
Er spielt Akkordeon im Morgenlicht,
tuscht stille Berge in die Regenwolken

und greift dem Flugzeug kühn in die Propeller
und hat die schweren Tanker ausgemolken.
Er spricht zu dir, doch du verstehst ihn nicht.

WIE WASSER in die Poren deiner Haut,
die Zwischenräume deiner feinen Härchen,
hab ich mich tausendäugig vorgetraut.
Was ist Realität? Ein fernes Märchen?

Was sind die Sinne? Regenwasser? Zeit?
Ich sah in deinen Poren Universen,
an Ketten aufgereiht zu Liederversen,
in jeder Doppelhelix Ewigkeit.

In deinen Bränden wurde ich Membran,
in jedem Weltall eine Seifenblase,
in jeder Welle eine Metastase.

Was ist die Liebe? Krankheit? Irrsinnswahn?
Was ist die Wirklichkeit? Das, was sie scheint?
Wenn sich dein Ich zersetzt, sind wir vereint.

DAS FERNHINBLAU erwacht in seiner Farbe
und setzt sich in die Ösen aller Masten,
hebt den Containerschiffen ihre Lasten,
weckt in den Sinnen eine Feuergarbe.

Wie Wein gebiert das Meer sich mühelos,
lässt sich von einem Knospenlicht beschreiben,
lässt sich im Rausch in eigne Tiefen treiben,
in seinen Schauern fieberbuntes Moos.

Dies Meer fällt in die Sinne als ein Wesen,
ein Engel, der aus steilsten Sphären stürzt,
ein Flügel Lichts. Er lässt die Nerven sirren.

Drum ist dein Irisblau so schwer zu lesen,
wenn sich ironisch deine Lippe schürzt,
und Funken über deine Wangen irren.

Aus Thrakien

Was dich einst kleidete in jungen Wein,
was atmet und sich fließend wandeln kann:
Mich fiel das Glück gleich Leoparden an.
Evridike, muss ich zerbissen sein?

Zerfällt der Halbkreis schon wie alte Seife,
in dem sich Flammen wie Choreuten drehten,
durch Felsenräder gelbe Schatten wehten,
Evridike, einst in der Apfelreife?

Evridike, bist du noch hinter mir?
Droht noch dein Pochen an mir zu ersticken?
Umschäumen deinen Schoß noch die Braunellen?

Mich beißt im Rücken hindenwunde Gier,
mich umzudrehen und nach dir zu blicken,
zu straucheln unter Gift und Weh und Schnellen.

MASKIERT WIE IN VENEDIGS KARNEVAL,
ein Klumpen Bluts, gleich einer Aprikose,
gestochen in die Wange eine Rose –
mein Ego, Brückenasche, Feuermal,

will Milch zu Milch in deinem Geist zergehen,
die Zeit sich reißen von Gesicht und Stunde,
im Licht zerfließen deiner Seitenwunde,
in deinem Atem sterben, auferstehen.

Bewusst und unbewusst, nicht keins noch beides,
zerschmelzen die Kanäle in ein Meer.
So lass ich los und singe in dir ein,

voll Süße, ohne Furcht, bar allen Leides,
denn, weißt du nicht, ich liebe dich so sehr!
Ich bin nur wahr in dir, im Nichtmehrsein.

NICHT NUR DAS GROSSE, jedes Licht wäscht rein.
Und selbst wenn alles in dir dunkel ist,
weil du in einer Zeitspirale bist –
du siehst ihn nicht, doch liegt in dir der Schein,

als würde es Vergangenheit nicht geben
und alles wäre ewig Gegenwart,
das Stundenfruchtfleisch läg am Gaumen, zart,
und Labyrinthe mündeten ins Leben.

Die Invasion der tausend Vogelstimmen
bricht jede Wand und jede Bitterschale,
löst deinen Mund aus den Verbissenheiten.

Die Nervenenden scheinen aufzuglimmen
und ungenau wird deine Zeitspirale
und Uhrensand wird durch die Finger gleiten.

VOR LAUTER MUSSE funkeln diese Tage,
als lägen sie in der Vergangenheit.
Die Zeit vergeht. Sie träumt ihr Sterben weit.
Man singt von ihr und ihrer fernen Sage.

Die Milch ist überhaucht von goldnen Fäden,
und heute sind wir alle zukunftsschwanger.
Wir schlafen zwischen Mühlenbach und Anger
und singen träumend hinter Fensterläden.

Wie Landknechtstrommeln dröhnen Metropolen.
Sie hatten uns in Netz und Autobahnen
erstickt und uns die Zapfen Bleis gestohlen,

mit denen wir den Wert der Stunden maßen.
Doch heute atmet uns das große Ahnen
beim Schaukeln auf den meerumspülten Straßen.

DER SCHLAF kann eine Tropfsteinhöhle sein,
die Träume in ihm Drosseln, augenlos,
der Schlaf ein schwerer Apfel voller Moos,
die Träume Tropfen auf dem Schlüsselbein.

Ein Traum bist du, geträumt von tausend Schläfern,
ein Schlaf bist du, der tausend Schläfer träumt.
Du Kuh aus Gischt, die an die Mole schäumt,
ein Traum bist du, zerteilt in Junikäfern.

Zerküsse mich in deiner Poesie!
Mein Atem geht an deinen Mund verloren.
Ich bin an deinem Puls, als war ich nie.

Ganz schattenübernetzt ist deine Haut.
Die Weite schreit in jeder deiner Poren,
bis uns der Tod als Mandoline blaut.

ICH FRAG MICH: wer ist wessen Schlaf und Traum
und wer ist wessen Maß und Rechenschieber,
wer wessen Blut, wer wessen Nervenfieber?
Ich sah in meinem Seeleninnenraum,

wie dort ein Stummfilm rückwärts lief und riss,
und etwas glänzte, das nicht glänzen konnte,
ein Regenschirm sich unter Böen sonnte,
ein weißer Clown in einen Apfel biss.

Du träumtest, doch der Traum blieb immer meiner:
Im Puls des Wiedehopfes lag das Moor
in Atems Weite, Geist und Reinigung.

Ich wurde unterm Türsturz immer kleiner.
Kometen harrten meiner Steinigung.
Ich stand und schaute, Blutglanz hinterm Ohr.

DER TRAUM ist andere Bewusstseinsschicht,
alternative Mit-Realität,
ein Mondkraut auf ein Sonnenfeld gesät.
Sein Glast und Gleißen, Last im Gegenlicht

ist nicht die Ewigkeit, ist andre Zeit,
ist Saat und Mahd, ist Ernte und ist Düngen,
ist Fensterglas, zermustert, voll von Sprüngen,
ist ungeborene Vergangenheit.

Ich sprang in deines Atems Goldbrokat
und bin zerstürzensschwer aus ihm erwacht.
Noch in der Stirn zerfaserte die Nacht,

noch in der Nacht verschwefelten die Sonnen.
In Bittersonnen ist die Stirn zerronnen,
und durch den Blick glüht die Bewusstseinsnaht.

DIE SONNE färbt sich mit den Stunden gelber.
In meiner Stirn zerdrückt der Schlaf das Leben.
Noch sucht der Atem, sich empor zu heben.
Die Wasser? Sie ertrinken an sich selber.

Die Luft erstickt in ihres Atems Mitte,
saugt gierig meinem trüben Spülicht ein.
Die Schatten reißen Löcher in das Sein,
versickern in den Spuren meiner Schritte.

Der Halbschlaf schäumt schon von gescheckten]
                            Träumen,
die er aus meinem letzten Willen presst,
ich muss ihm weichen, bleib, doch kann nicht säumen.

Es ist nur Schlaf, und irreal wie alles.
Der Ton verwelkt im Echo seines Schalles.
Dann bleibt kein Ist vom Ist. Kein Nichts. Kein Rest.

Radha und Krishna

Glückselig bin ich nur in deinen Tiefen.
Man findet sie vielleicht in Gladiolen.
In wunden Herzen gären sie verstohlen,
entzünden Kerzen in intimen Briefen.

In kühlen Gründen liegt dein Lavaquell,
den nie die Balz des Auerhahns beschmutzt,
daneben Silberlöffel, unbenutzt.
Und durch die Lichtung schimmmert's honighell,

als wär dies Heiligtum ein Trost im Weh,
dich nie in deiner Nacktheit zu erblicken
und nie an deinem Atem zu ersticken.

Ich wünschte, ich wär dein geheimer See:
Du watetest als Storch auf roten Stelzen.
Glückselig würden meine Spiegel schmelzen.

ICH WÜNSCHTE, ICH KÖNNT' SO IN DIR ERTRINKEN,
wie eine Drossel, die ins Wasser fiel:
Sie schmolz in deine Hand, Quecksilberspiel,
und flog sogleich in schneebedeckte Klinken –

Ich dürste in mir selbst und sinke nicht,
weil mir dein Spiegel unerbittlich scheint,
der – selber Daseinsgrund – die Welt verneint:
Ein weißes Türschloss, das den Schlüssel bricht.

Die Tür zu dir ins Blau steht immer offen,
doch muss an dir ersticken, wer dir lauscht,
und wen dein Atem das Gefieder bauscht.

Sich in dich einzuspiegeln, kann nur hoffen,
wer völlig von sich selber Abschied nimmt,
in dir versinkt, damit er selbst verglimmt.

DER FLUSS schäumt unterm dunklen Brückenwehr,
kehrt in sich um, nimmt Anlauf aus der Kühle,
passiert die stillgelegte Wassermühle.
Wo will er hin? – der Fluss – Wo kommt er her?

Hat ihn der Angler, ihn der Hecht geboren?
Hat er sich selbst vor langer Zeit erträumt?,
erwacht zur Tiefe, wenn er schattig schäumt?
Erstirbt er stets im Rausch des Selbst verloren?

Du bist der Fluss. Ich bin ein Teil von dir
und kann nicht rückwärts an die Quelle gehen,
aus der du doch für mich ins Weite treibst.

Oft fürchte ich, dass ich mich selbst verlier.
Dann muss ich in den Wasserspiegel sehen,
den du seit jeher in die Blicke schreibst.

Das Meer entfaltet sich in deiner Hand,
die Hinde Zeit steht auf und blickt vom Rand,
erwacht aus einem Immerwieder-Hain.
Was ist gemeint, mein Freund? Was kann es sein?

Das Meer – es will aus deinem Atem schöpfen.
Der Wind kann keine Margeriten köpfen.
Sie säumen nebelweiß im Hauch die Küste.
Was ist gemeint, mein Freund? Wenn ich nur wüsste...

...wenn ich nur wüsste, was das Dasein ist...
vielleicht ein Traum, der alle Seelen träumt.
Bist du es, der die Meeresküste säumt?
Ich ahne es – wenn du es wirklich bist...

Was sich wie Seide in die Hände schlich,
das schaut dich an – und es entfaltet sich.

ICH MÖCHTE EWIG DEINE WELLE SCHMECKEN,
die die Gedankenkette in sich schmolz –
Quecksilbersegel und den Kiel aus Holz –,
den Juniglanz aufs neue in dir wecken,

den Aprikosenschaum in deinen Träumen
wie einen Schatz aus deiner Tiefe heben,
ein Hauch mit dir, *ein* Schauern und Erbeben,
ein Wimpernschlag ultramarines Säumen –

So möchte ich die Lunge mit dir füllen,
dass meine Haut ihr Weiß verliert und trans-
parent wird im ekstasenwehen Tanz,

mich ganz in deine milden Schatten hüllen,
damit du in mir bist und ich in dir,
damit ich uns verlier, verlier, verlier…

Gedichte im Anhang

Milch

Wenn die Frühsonne
durchs Weizenfeld streicht,
trägt sie Flügel aus Milch.

Als dich der Strahl traf
vorm Fensterkreuz, nackt,
trank ich dein Kleid aus Milch.

In den Brennnesseln
verlorst du den Puls,
weiße Nachtigall, Milch.

Verschütte dich nicht
auf meine Füße,
Triangel, du, aus Milch.

Am Stahlgleis

Am Stahlgleis blüht der Thymian,
der Wind beugt ihn nach Osten.
Er fährt nicht mit der Eisenbahn
und hält hier seinen Posten.

Er wurzelt flach im Schotterbett,
ein Freund der wilden Meisen.
Die Nacht spielt mit ihm im Duett.
Er wünscht sich, fort zu reisen.

Der Regen trifft zwölfmal im Jahr
auf Staub und graue Blätter.
Wüchs er in Charons dichtem Haar!
(Dort gibt's nicht Wind, noch Wetter.)

Noch besser wär's, ins Licht zu gehn
– kein Stellwerk, Gleißen, Beben –,
dem Frieden durch den Puls zu wehn,
ein neues Weltall weben.

Am Stahlgleis blüht der Thymian,
der Wind beugt ihn nach Osten.
Er fährt nicht mit der Eisenbahn
und hält hier seinen Posten.

IM FELD BLÜHN ASTROLABIEN,
sie fielen aus der Hand
von einem aus Arabien,
Kalkutta, Samarkand.

Sie wuchern schon in deinem Haar
mit ihren goldnen Rädern,
und oben eine Rabenschar
bewirft dich keck mit Federn.

Du liegst und träumst vom Tropensturm,
von Segeltau und Wanten,
bist Straße für den Regenwurm
und glühst doch von Sextanten.

Der Seemann glitt schon lange fort
ins sechzehnte Jahrhundert.
Er träumte dich am fernsten Ort.
(Wen hätte es verwundert?)

Du schläfst mit einem Wiedehopf.
Du fingst ihn im Gehirn.
Die Kirsche rollt in deinem Kopf,
bleibt stehen auf der Stirn.

DU TRÄUMTEST meinen Traum von dir:
Aus Atem eine Brücke,
ein Drosselschlag von dort zu hier,
im Zeitlauf eine Lücke.

Das Dasein träumt mir einen Tod.
Er zwitschert mir vom Leben.
In seinen Locken glänzt es rot
von Tausendschlaf und Beben.

Der Pfau nahm Brot aus meiner Hand.
Ich seh ihn Wasser trinken,
an deines Atems Becherrand
im eignen Blau versinken.

SCHEIN ICH AUCH IM SEIN VERLOREN,
bin ich doch in deinem Licht,
denn ein Außen gibt es nicht,
und ich wurde nie geboren.

Zog ein Schicksal scheinbar Narben,
schlief ich in mir selbst als Kind.
Kann nichts sehen. Bin ich blind,
oder gibt es keine Farben?

Kann ich bunte Stimmen riechen?
Muss ich fremde Poren erben?
Lieg in dir als Außen-Sinn?

Muss ich in den Wurzeln siechen?
Muss ich fern von dir verderben,
weil ich Aureole bin?

Für Irene

I

...Oft ist der Duft einer lieben
Person im Zimmer geblieben.
Das Zimmer gibt es nicht mehr:
Es ist geräumt.
Ich hab's geträumt.
Mir fiel der Abschied schwer...

II

Halb wirft das Glas die Aquarelle,
die du gemalt hast, in die Tageshelle,
halb lässt sie sie ein
in die Wesen, die wir waren
vor unvordenklichen Jahren…

Inhalt:

Berliner

Ein schmales Kind: Ich kam als Höckerschwankomet 12 / Einst baute ich 13/ Was der Obdachlose erzählt 14 / Was die weiße Amsel erzählt 15 / Bin ich der weiße Spatz 16 / Von Meeren wurden meine Augen weiß 17 / Nehmt mich! 18 / Würgte ich nicht 19 / Ich sinke, falle, stürze 20 / Ich bin allergisch 21 / Im Klee am Grund der Kehle 22 / Dein blauer Mund 23 / Dein sachtes Herz 24 / Komm wieder 25 / Die Biene sprach zu mir 26 / Von Trauer ist die Einsamkeit durchzogen 27 / Mein Röntgenbild 28 / Am Montag 29 / Ich ging als Auge ein 30 / Konvexe und konkave Spiegelbilder 31 / Der Sommertag vergeht 32 / Am stillen See 33 / Der fremde Hass 34 / Wie gern spiel ich die Grillenvioline 35 / Was bin ich 36 / Mein Schritt 37 / Für Irene 38

Ein Goldfisch: Die Straße löst sich auf 40 / Man sieht durch dich die Darmkolik der Stadt 41 / Für Paul Gauguin 42 / Vom Aufbegehren der Farben 43 / Ich bin ein Goldfisch 44 / Ozean! 45 / Berg! 46 / Poesie! 47 / Albatros 48/ Komm, liebe mich 49 / Am Blütenzweig 50 / Ich sah an zarten Fenstern die Madonnen 51 / Aus Athen 52 / Ich wünschte, diese Stunde möge sterben 53 / Und als du gingst 54

Mahayana!

Ein Mann aus Milch in Gottes Gewässern: Mahayana! 58 / Mit einer Geste 59 / Als du vorbei geflossen warst 60 / Jesus 61 / Du bist ganz eins 62 / Was braucht der Mensch 63 / Warum nicht sterben 64 / Opfere deine Seele 65 / Wir alle sind bestimmt 66 / Erst schwand sie aus dem Augenweiß der Frauen 67 / Die Existenz ist ohne Außenhülle 68

Aus Nepal: Nun darf der Schlüssel wieder Schlüssel sein 70 / Aus Nepal 71 / Du darfst mich ahnen 72 / Wie Wasser 73 Das Fernhinblau 74 / Aus Thrakien 75 / Maskiert wie in Venedigs Karneval 76 / Nicht nur das große 77 / Vor lauter Muße 78 / Der Schlaf 79 / Ich frag mich 80 / Der Traum 81 / Die Sonne 82 / Radha und Krishna 83 / Ich wünschte, ich könnt`so in dir ertrinken 84 / Der Fluss 85 / Das Meer 86 / Ich möchte ewig deine Welle schmecken 87

Gedichte im Anhang

Milch 90 / Am Stahlgleis 91 / Im Feld blühn Astrolabien 92 / Du träumtest 93 / Schein ich auch im Sein verloren 94 / Für Irene I 95 / Für Irene II 96

Bei der 2019 erfolgten Auflösung des Ethnologischen Museums Berlin-Dahlem fand man in der Polynesien-Sektion die Knochen des Lyrikers **Andreas Vierk**.

Er wurde in einem Seerosenteich zur Traumzeit geboren und ertrank zwischen 296 Libellen im Großensee bei Hamburg. Die näheren Umstände seines Lebens wurden nie ganz geklärt. Er gebar sich neuerlich selbst im Löwenzahn und starb kurz darauf – aufgrund des negativen Magnetfeldes frei schwebend, schluchzend und singend.

Seine Seele teilt sich in zwei Albino-Drosseln auf (nach anderen Quellen besteht sie aus einem taubblinden Sperling).

Buchveröffentlichungen:

„Septemberstrand"
„Café Shirokko"
„Tempus Fugit"
„Ariadne"
„Das Buch der Lilien und Amseln"
„Goldfisch"